Bibliografische Information der Deutschen Nationalbibliothek Die Deutsche Nationalbibliothek verzeichnet diese Publikation in der Deutschen Nationalbibliografie; detaillierte bibliografische Daten sind im Internet über www.dnb.de abrufbar.

Tom und das Dings

© 2017 Julia Schneider

Herstellung und Verlag:
BoD – Books on Demand, Norderstedt

ISBN: 9783743143227

Hallo!

Schön, dass du mein Buch gekauft hast. Du wirst merken, dass es manchmal noch nicht ganz fertig ist, dort bist du gefragt! In diesem Buch darfst du malen, damit es noch schöner wird!
Ich freue mich, wenn du mir sagst wie dir die Geschichte von Tom gefällt. Und jetzt, Stift in die Hand und los geht's!!

Liebe Grüße

Julia

Tom ist 8 Jahre alt, er geht in die 3. Klasse. Die Schule macht ihm leider nicht so viel Spaß, da Lesen, Schreiben und Rechnen lernen echt anstrengend ist: Viel lieber ist Tom im Wald!

Tom und das Dings

Tom ist ungefähr 1,40m groß. Tom hat braune Locken und sieht immer ein bisschen aus, als käme er gerade aus dem Wald: schmuddelige Hosen und wildes Haar! Was daran liegt, dass Tom wirklich viel im Wald ist. Er sucht etwas!

Nicht einfach irgendetwas oder etwas, das er verloren hat. Auch keinen bestimmten Baum oder einen Pilz.

Nein!!!

Tom sucht einen Drachen.

Jeder sagt, dass es keine Drachen gibt. Tom weiß das auch. Trotzdem hofft er jedes Mal, endlich einen zu entdecken.

Jeden Mittag, kaum aus der Schule zurück, schnappt er sich seinen Drachen-Such-Rucksack.

Was würdest du in deinen Drachen-Such-Rucksack packen? Schreibe oder male es hier hin:

Bisher war seine Suche leider erfolglos!

Heute ist Dienstag. Das ist Toms Lieblingstag, denn an diesem Tag hat er Fußballtraining. Fußball kommt gleich nach den Drachen auf Toms „Liste der besten Sachen der Welt."

| Wie würde deine „Liste der besten Sachen der Welt" aussehen? |

Seit drei Jahren spielt Tom bei den „Furchtlosen Wölfen", so heißt sein Fußballverein. Und an diesem Dienstag hat ihr Trainer eine ganz besondere Überraschung! „Jungs, ihr habt so toll gespielt! Einige verlassen die Mannschaft nach den

Ferien. Wir haben uns etwas ganz Besonderes für euch überlegt!" Gespannt schauen sich Tom und die anderen Wölfe an.

Was mag das wohl für eine Überraschung sein?

„Nächste Woche, wenn Ferien sind", erklärt ihr Trainer, „werden wir alle mit euren Papas im Wald zelten. Wir werden eine Nachtwanderung machen, grillen und natürlich auch Fußball spielen."

Die Wölfe sind ganz aufgeregt und freuen sich. Nach dem Training rennt jeder gleich nach Hause, um seinem Papa davon zu erzählen, auch Tom. Toms Papa freut sich, endlich mal mit Tom alleine etwas unternehmen zu können.

In der nächsten Woche ist Tom so aufgeregt, dass er kaum schlafen kann. Er packt schon drei Tage vorher seine Tasche. Natürlich darf auch sein Drachen - Such - Rucksack nicht fehlen – denn wer weiß?

Dann geht es endlich los, und die Wölfe treffen sich mit ihren Papas und dem Trainer, um zu ihrem Übernachtungsabenteuer zu starten.

Die Kinder wollen eine Fahne auf dem Zeltplatz aufstellen, darauf soll ein furchtloser Wolf sein, der alle Gegner wegpustet!! Kannst du ihnen beim Gestalten der Fahne helfen?

Nachdem dann alle Zelte aufgebaut sind und jeder seinen Schlafplatz hat, wird erst mal eine Runde Fußball gespielt:

Kinder gegen Väter!

Was meinst du, wer gewonnen hat?

Kinder   O

Väter   O

Die Kinder mit 7:2, ob das alles mit rechten Dingen zugegangen ist?

Egal, alle hatten ihren Spaß, und darauf kommt es ja an!

Am Abend machen die Väter ein tolles Feuer und jeder kleine Wolf darf sich ein Würstchen auf einen Stock stecken und direkt über dem Feuer grillen – das schmeckt!

Male das Feuer schön bunt!

Dann ruft ihr Trainer alle zusammen: „So Jungs! Wie versprochen wollen wir uns jetzt einmal den Wald bei Nacht anschauen. Wichtig ist, dass wir zusammenbleiben.

Am besten ist jeder an der Hand seines Papas und lässt ihn nicht los.

Nicht, dass wir noch jemanden verlieren. Wer eine Taschenlampe dabei hat, kann sie einstecken."

Tom schnappt sich den Drachen – Such – Rucksack und steht kurz danach startklar neben seinem Papa.

„Ist ganz schön dunkel, so nachts im Wald" denkt sich Tom. Eigentlich kennt er den Wald durch seine Drachen – Such – Aktionen schon sehr gut. Aber wenn es dunkel ist, ist das irgendwie alles anders. Und diese Geräusche ...

Ständig raschelt es irgendwo, ein Uhu ruft oder Äste knacken.

Tom hält die Hand seines Papas ganz fest, da stolpert er plötzlich und fällt hin.
„Hast du dir wehgetan, Tom?", fragt Papa.

„Nein, ich bin über irgendetwas gestolpert.", gibt Tom zurück.

Er sucht nach seiner Taschenlampe, um zu sehen über was er gestolpert war.

„Was ist denn das?", fragen einige der anderen „Furchtlosen Wölfe", die nun auch zu Tom geeilt sind. Alle bestaunen das komische *Dings*, das Tom mit seiner Taschenlampe anleuchtet.

„Sieht aus wie ein Stein."

„Nein, das ist ein Ball."

„Quatsch, das ist ein Vogelei!"

Male das Dings an!

„Alle könnten irgendwie recht haben.", denkt Tom.

Das *Dings* sieht schwer aus, ist fast rund. Es erinnert tatsächlich an ein Vogelei, wenn auch an ein wirklich großes Ei. Tom beschließt, das *Dings* in seinen Drachen - Such - Rucksack zu packen, um es morgen genauer zu untersuchen.

Nach zwei Stunden sind alle wieder am Zeltplatz und ziemlich müde.

Die kleinen Wölfe verschwinden in ihren Zelten, während die Papas noch draußen am Feuer sitzen. Schnell schläft Tom ein und träumt von seinem Fund im Wald.

Das Bild ist nicht ganz fertig, kannst du die fehlenden Linien ergänzen?

Am nächsten Morgen regnet es wie aus Eimern. Schnell packen die Wölfe alles zusammen und machen sich auf den Weg zum Sportplatz, wo sie in den Kabinen frühstücken und sich aufwärmen.

Allen hat das Zelten jede Menge Spaß gemacht, und sie sind sich sicher, dass das wiederholt werden muss.

Tom macht sich mit Papa und dem seltsamen *Dings* im Drachen-Such-Rucksack auf den Nachhauseweg.

Als Tom wieder Zuhause angekommen ist, erzählt er seiner Mutter von dem unglaublichen Fund. Tom sucht in seinem Zimmer einen extra sicheren Platz.

Oben auf dem Regal, das ist ein guter Platz, dort legt er es hin.

Magst du das Dings ganz oben hin malen?

Wie viele Bücher **stehen** in dem Regal? ___

Wie viele Bücher **liegen** in dem Regal? ___

Zähle die Kreise! ___

Zähle die Vierecke! ___

Was steht da noch, außer den Büchern?

_____

Als Tom am Nachmittag wieder in sein Zimmer kommt, möchte er nachsehen wie es dem *Dings* geht.

Er macht doch wirklich den Eindruck, dass es gewachsen ist. Und nicht nur ein bisschen, sondern ganz schön viel.

Aufgeregt rennt er zu seinen Eltern, auch sie können es kaum glauben. Vorsichtig legen sie das *Dings* auf den Tisch, um es genau zu untersuchen. Tom legt gespannt sein Ohr darauf und da hört er etwas!

Ganz deutlich hört er … etwas atmen!

Auch Papa und sogar Mama hören es – seltsam.

„Ist es doch ein Vogelei?", fragt Tom.

„Aber welcher Vogel legt so Eier? Ein Straußenei vielleicht?", denkt Mama laut nach.

„Ein Ei wächst nicht einfach so, oder?", flüstert Toms Papa.

Gespannt betrachten sie weiterhin das komische *Dings* auf ihrem Tisch, als es plötzlich KNACK macht.

Ein Riss über das ganze Ei,
und nochmal KNACK
und nochmal KNACK
und nochmal KNACK.
Das ganze Ei hat Risse und wackelt hin und her. Da bricht es auf, und Tom kann es nicht glauben: Da sitzt tatsächlich bei ihm zuhause auf dem Tisch …

… ein Drache!

Ein echter, grüner Drache!

Tom kommt aus dem Staunen gar nicht mehr raus.

Vor Aufregung spuckt der kleine Drache Feuer, und die Banane in der Schale steht direkt in Flammen. Tom und seine Eltern sind sprachlos. Sein Traum ist in Erfüllung gegangen: Tom hat einen Drachen gefunden!

Mittlerweile sind ein paar Wochen vergangen, und Tom und seine Familie haben sich an ihr neues Haustier gewöhnt.

Papa hat im Garten einen Stall gebaut. Schön groß, mit viel Platz zum Laufen und einem gemütlichen Schlafplatz.

Manchmal geht Tom auch mit seinem neuen Freund spazieren. Dann staunen die anderen Kinder nicht schlecht, denn so klein wie noch vor wenigen Monaten ist der Drache schon lange nicht mehr!
Aber: Was genau ein Drache frisst, hat Tom

noch nicht herausgefunden. Und in der Zoohandlung einfach nachfragen, ist wohl auch nicht drin. Mit Bananen, Gurke, Käse und ab und zu mal Schokolade kann man aber sicher nichts falsch machen!

Das Bild des kleinen Drachen hat mein Sohn gemalt! Wie würde dein Wunschdrache aussehen? Oder würde aus deinem Ei etwas anderes schlüpfen?

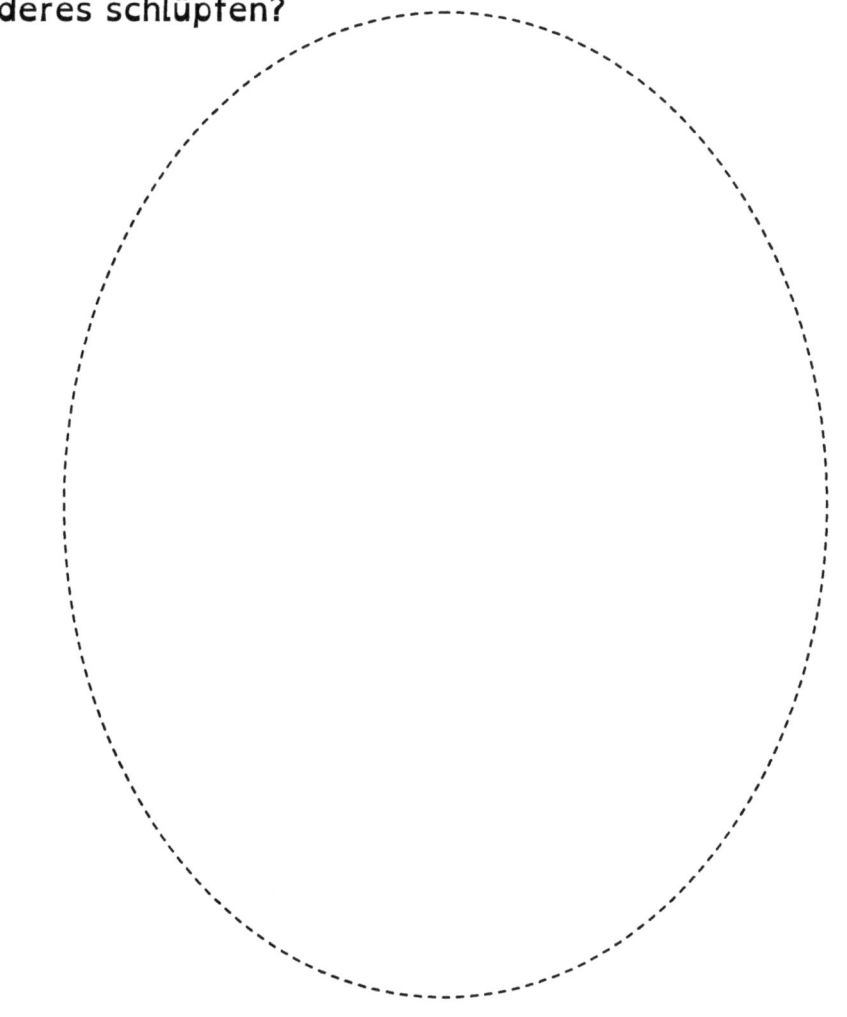

Quiz zum Buch!

Wenn du die Geschichte genau gelesen hast oder beim Vorlesen aufmerksam zugehört hast, kannst du diese Fragen sicher beantworten!

Setze die Buchstaben der richtigen Antworten zusammen, das Lösungswort kannst du mir per Mail schicken! Vergiss nicht deinen Namen, dein Alter und deine Adresse, denn alle drei Monate verlose ich drei tolle Preise! **Mach mit und sei einer der drei glücklichen Gewinner!**

E-Mail Adresse: tomunddasdings@web.de

Ich freue mich auch, wenn du mir schreibst, wie dir die Geschichte gefallen hat. ☺

Wer nicht gewinnt, bleibt im Lostopf!

Viel Erfolg!!

Frage 1: Wie alt ist Tom?

    5 Jahre   O D
    8 Jahre   O L
    7 Jahre   O T

Frage 2: Welcher ist Toms Lieblingstag?

    Dienstag   O E
    Donnerstag   O R
    Sonntag   O I

Frage 3: Wie heißt Toms Verein?

    Die Fruchtlosen Wölfe   O A
    Die Furchtbaren Wölfe   O M
    Die Furchtlosen Wölfe   O S

Frage 4: Wie hoch gewinnen die Kinder?

    6:3   O C
    5:4   O P
    7:2   O E

Frage 5: Was steht in Flammen?

    Gurke   O H
    Banane   O N
    Salat   O E

Lösungswort: _ _ _ _ _

Ebenfalls erschienen

Als die Welt ihre Farben verlor
ISBN: 978-3743143227

Rudi ist ein kleiner neugieriger Gnom.. Als er in einem Winter seine Nase neugierig noch einmal nach draußen streckt, sieht er das Unglaubliche: Die Welt hat ihre Farben verloren!

Das neue Buch
„Piff, Paff, Puff"
ist ab Sommer 2017 erhältlich!